# CREAR UNA WEB EN WORDPRESS

## DANIEL REGIDOR

www.crearwebwordpress.guiaburros.es

**EDITATUM**

Diseño de cubierta: © Looking4

Maquetación de interior: © Editatum

Primera edición: noviembre de 2017

Segunda edición: marzo de 2018

Tercera edición: octubre de 2018

Cuarta edición: junio de 2021

ISBN: 978-84-946457-4-7

Depósito legal: M-30898-2017

Impreso en España/ Printed in Spain

Si después de leer este libro, lo ha considerado como útil e interesante, le agradeceríamos que hiciera sobre él una **reseña honesta en cualquier plataforma de opinión** y nos enviara un e-mail a **opiniones@guiaburros.es** para poder, desde la editorial, enviarle **como regalo otro libro de nuestra colección.**

# Agradecimientos

Quisiera agradecer al equipo de Editatum, y en especial a su director, Borja Pascual, la oportunidad que me han brindado de escribir este libro. También a su editor y maquetador, David Tavío.

A todos mis compañeros de oficina, en especial a Jose y Adrián que me acompañan cada día. Y por supuesto a Carol que me acompaña mucho más allá.

A todos mis compañeros forococheros por proporcionarme siempre esa gran fuente de sabiduría, inspiración y diversión.

A mis colegas de los MX-5 por compartir conmigo tantos momentos de diversión.

Y por supuesto a toda mi familia y amigos (Sabéis quiénes sois pero no puedo mencionaros a todos).

# Sobre el autor

**DANIEL REGIDOR**

Daniel Regidor, nacido en Madrid en 1991 y residente en Aranjuez, es técnico superior en administración de sistemas informáticos en red y actualmente trabaja como coordinador de desarrollo web y director de marketing online en Weberalia.

Gusano300        Daniel_Regidor

# Índice

# ¿Qué es WordPress?

WordPress es, a día de hoy, el gestor de contenidos (CMS) más utilizado del mundo. Más del 23% de los sitios web publicados en internet lo utilizan y esta cifra asciende a más del 60% si nos centramos únicamente en webs creadas con gestores de contenidos.

## ¿Por qué utilizar WordPress?

Actualmente WordPress es el gestor de contenidos más recomendado por su versatilidad y el gran ecosistema que se ha creado en torno a él.

Gracias a sus más de 35.000 plugins y más de 12.000 temas, podrás crear prácticamente cualquier proyecto web que te propongas, desde un pequeño blog personal hasta una potente tienda online. Todo ello con una interfaz tan sencilla de manejar que es apta para todos los públicos, sin necesidad de tener grandes conocimientos de programación o desarrollo web.

Pero hay más ventajas:

- **Gratuito:** WordPress es software libre y no requiere de licencias. El principal movimiento económico en este sistema está en torno a los plugins y temas, pero en muchas ocasiones nos bastará con los gratuitos y no deberemos realizar ninguna inversión al respecto.

- **SEO Friendly:** Toda la estructura de WordPress está diseñada para ser amigable con el SEO, es decir, que nos ayude a posicionar nuestra web en buscadores. No obstante, en esta guía daremos algunos consejos fundamentales para estar en lo más alto.
- **Genial gestión de usuarios:** El sistema nos permite gestionar los roles de los diferentes usuarios de forma sencilla, permitiéndonos tener autores, editores, administradores...

## ¿Para qué sirve?

WordPress es un gestor de contenidos o CMS (Content Management System), es decir, es un sistema que nos permite, de forma relativamente sencilla, manipular el contenido y la estructura de una página web de manera contínua.

## Diferencias entre WordPress y WordPress.com

Debemos tener claro que WordPress (distribuido a través de WordPress.org) no es lo mismo que WordPress.com

Normalmente, cuando se habla de WordPress, se hace referencia al gestor de contenidos gratuito que descargamos desde WordPress.org e instalamos en un servidor. Este sistema no tiene limitaciones y podemos modificarlo por completo, ya sea mediante temas o plugins o mediante la edición de su código fuente.

WordPress.com es un servicio online que no necesita que descarguemos ni instalemos nada, todo el contenido se mantiene en sus servidores. El control del contenido es similar, pero tiene bastantes limitaciones respecto al WordPress tradicional:

1. **No es totalmente gratuito**: Aunque el servicio básico sea gratuito, encontraremos algunas limitaciones que normalmente nos harán realizar un pequeño desembolso. Por ejemplo, con el servicio gratuito, no podemos utilizar nuestro propio dominio personalizado y tendremos que "sufrir" anuncios.

2. **Personalización**: En WordPress podrás instalar cualquier tema, sea de quien sea. En wordpress.com estamos limitados a los que el sistema ofrece. Además, en WordPress podrás personalizarlo todo sin límites modificando el código de los temas, plugins, etc. mientras que en WordPress.com, como máximo, podrás modificar el CSS pagando 30 dólares anuales.

3. **Plugins**: WordPress permite instalar miles de plugins que te ofrecen la posibilidad de ampliar las funcionalidades de tu web, mientras que en WordPress.com no existe esta opción.

4. **Beneficio económico:** En un WordPress tradicional puedes incluir tanta publicidad como quieras y añadir tantos sistemas que te den beneficio económico como

veas conveniente, mientras que para conseguir beneficio en WordPress.com, tienes que utilizar su propio sistema, el cual tiene algunos requisitos como tener al menos 25.000 visitas mensuales, además, los ingresos se repartirán al **50%** con WordPress.com.

5. **Licencia**: WordPress es totalmente abierto y sin ánimo de lucro, mientras que WordPress.com es una marca perteneciente a la empresa Automattic que busca beneficio económico.

👁 **¡OJO!**

Aunque WordPress (tradicional) no tenga ningún coste directo, tenemos que contar con los gastos de alojamiento, dominio y, en caso de que sea necesario, de los plugins y temas de pago.

En resumen, si buscas una página muy sencilla (y tienes claro que va a ser así para siempre), puedes utilizar WordPress.com pero tienes que tener muy en cuenta sus limitaciones.

En esta guía, vamos a hablar en todo momento en clave de WordPress tradicional, pero también será útil para usuarios de WordPress.com debido a su gran similitud, al fin y al cabo, el servicio ofrecido por wordpress.com viene siendo un WordPress tradicional simplificado e instalado en sus propios servidores.

# Instalación

El proceso de instalación de WordPress es sencillo y apto para todos los públicos sabiendo qué pasos seguir.

## ¿Qué necesitas?

- **Servidor:** También llamado alojamiento o hosting, es el disco duro donde estará alojado nuestro WordPress y todo su contenido (textos, imágenes, etc.). Existen cientos de empresas de hosting con una gran variedad de precios y servicios, estos son los requisitos que deberemos tener en cuenta a la hora de elegir nuestro servidor:

  1. **PHP:** Versión 7 o superior (prácticamente ninguna empresa nos pondrá problemas con ello e incluso nos dejarán seleccionar manualmente la versión que queremos)

  2. **Bases de datos:** MySQL 5.6 o superior o MariaDB 10.0 o superior (tampoco deberíamos tener problemas).

  3. **Espacio de almacenamiento suficiente en función de nuestras necesidades**: Siempre teniendo en cuenta que una instalación de WordPress tiene un peso aproximado de 100MB, es decir, con un alojamiento de 300MB, tendríamos 200MB libres

para imágenes, vídeos, etc. Para una web "normal", sería recomendable tener un alojamiento de unos 500MB.

4. **Estabilidad:** Que nuestra web esté activa las 24 horas del día los 365 días del año es fundamental. No viene mal, antes de contratar un hosting, buscar opiniones sobre él para saber si suele dar problemas en este aspecto.

5. **Copias de seguridad:** Aunque no son imprescindibles y siempre podemos hacerlas manualmente, es muy recomendable que nuestro hosting realice copias de seguridad diarias de todo nuestro contenido, así estaremos totalmente protegidos frente a cualquier tipo de problema o ataque.

- **Dominio:** El dominio es el nombre que tendrá nuestra web en internet, por ejemplo, **mipaginaweb.com** o **mipaginaweb.es**. Podremos elegir cualquiera que no haya registrado nadie anteriormente.

---
**💡 CONSEJO**

El nombre de dominio es tenido muy en cuenta por los buscadores a la hora de posicionar nuestra web, por ejemplo, si vendemos mesas, nos interesaría utilizar el dominio **comprarmesas.com**

---

- **Archivos de instalación:** Necesitaremos descargar desde WordPress.org los ficheros de instalación de WordPress:

# Proceso de instalación

> **💡 CONSEJO**
>
> Existen proveedores de hosting que incluyen auto-instaladores de WordPress, gracias a ellos, podremos instalar WordPress por completo de una forma aún más sencilla.

1. Accede a la carpeta **public_html** o **www** de tu servidor mediante el administrador de archivos que encontrarás en el panel de control o mediante FTP y sube a ella todos los ficheros que encontrarás en la carpeta **WordPress** del fichero comprimido que has descargado en WordPress.org.

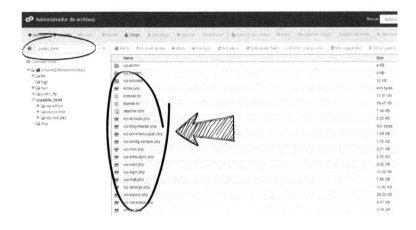

2. Desde el panel de control de tu servidor, crea una base de datos, con un usuario y una contraseña (este proceso varía dependiendo del servidor).

3. Desde un navegador de internet, entra en el dominio que hayas seleccionado seguido de **/wp-admin/install.php**, por ejemplo, si tu dominio es **www.tudominio.com**, entra en **www.tudominio.com/wp-admin/install.php**. Al hacerlo, se iniciará un asistente en el que debemos hacer clic en el botón **¡Vamos a ello!**:

Bienvenido a WordPress. Antes de empezar necesitamos alguna información de la base de datos. Necesitarás saber lo siguiente antes de continuar.

1. Nombre de la base de datos
2. Usuario de la base de datos
3. Contraseña de la base de datos
4. Servidor de la base de datos
5. Prefijo de la tabla (si quieres ejecutar más de un WordPress en una sola base de datos)

Vamos a usar esta información para crear un archivo `wp-config.php`. **Si por alguna razón no funciona la creación automática de este archivo no te preocupes. Lo que hace es incluir en un archivo de configuración la información de la base de datos. También puedes simplemente abrir el archivo** wp-config-sample.php **en un editor de texto, rellenarlo con tu información y guardarlo como** wp-config.php. ¿Necesitas más ayuda? La tenemos.

Con toda seguridad, estos elementos te los facilitó tu proveedor de alojamiento. Si no tienes esta información necesitas contactar con ellos antes de continuar. Si ya estás listo...

[ ¡Vamos a ello! ]

4. El siguiente paso nos solicitará, en primer lugar, el nombre de la base de datos, el nombre de usuario (de la base de datos) y la contraseña (del usuario de la base de datos). Estos datos tendremos que rellenarlos con los datos que hayamos generado en el punto **2**.

A continuación, nos solicitará el servidor de la base de datos. Generalmente en una instalación como la que estamos realizando donde los ficheros y la base de datos se encuentran en el mismo alojamiento, tendremos que rellenar este campo con la palabra *localhost*.

Por último, nos solicitará un **Prefijo de tabla**. Esto solo nos resultará útil  si vamos a instalar varios WordPress en un mismo lugar, en ese caso, tendríamos que cambiar el prefijo por otro diferente, de no ser así, podremos dejar el que viene por defecto y hacer clic en **Enviar**.

5. En el siguiente paso, si la conexión con la base de datos es correcta, nos aparecerá un mensaje de enhorabuena en el que tendremos que hacer clic en el botón **Ejecutar la instalación**.

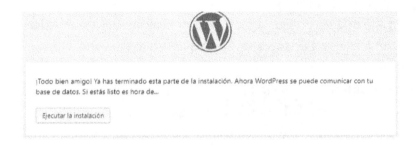

6. A continuación, tendremos que introducir el título que tendrá nuestra web (podremos cambiarlo en el futuro), un nombre de usuario y contraseña (que utilizaremos para acceder a la administración) y un correo electrónico al que nos llegarán las diferentes notificaciones.

Cuando tengamos rellenos estos campos, ya podremos hacer clic en **Instalar WordPress.**

- Una vez finalizada la instalación, ya podremos acceder a la administración de nuestra web, para ello, tendremos que acceder a nuestro dominio, seguido de /**wp-admin** (por ejemplo **www.tudominio.com/ wp-admin**) e introducir el nombre de usuario o correo electrónico y la contraseña que hemos indicado en el paso **6**.

# Apariencia

La apariencia de nuestra web es fundamental, no solo por estética, también por usabilidad. Debemos buscar un diseño limpio y en el que los usuarios encuentren fácilmente lo que necesitan.

## Temas

El tema es el elemento principal que debemos tener en cuenta a la hora de definir la estética que tendrá nuestra web. Existen miles de temas para WordPress, gratuitos y de pago.

### Elegir el tema adecuado

Lo primero que tenemos que tener en cuenta a la hora de elegir el tema que mejor se adapte a nuestra web es que no todos los temas están creados para los mismos propósitos, por ejemplo, un tema que esté pensado para crear un blog, no se adaptará correctamente a las necesidades de alguien que quiere crear una tienda online. Existen temas multipropósito que sí se adaptan a una mayor variedad de utilidades.

**◉ ¡OJO!**

Si vas a crear una tienda online, busca un tema que tenga una correcta integración con WooCommerce (el plugin de WordPress para comercio electrónico).

*i* Algunos temas, además de la parte estética para el usuario (Front Office), incluyen interesantes sistemas de edición y gestión de contenido (por ejemplo Visual Composer o Divi).

**▼ CONSEJO**

En caso de que veamos algún sitio hecho en WordPress que nos guste y queramos saber con qué tema está realizada, podemos recurrir a algunas páginas web como whattheme.com ó whatwpthemeisthat.com que detectan el tema utilizado.

Existen cientos de webs en las que seguro que encontraremos algunos temas que nos interesen. No obstante, conviene echar un vistazo al catálogo de temas gratuitos que WordPress nos ofrece, para ello, desde el panel de administración de nuestra web, debemos dirigirnos a **Apariencia>Temas>Añadir nuevo.**

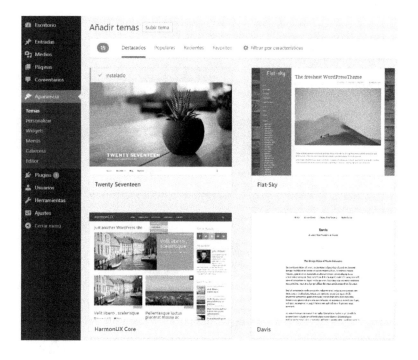

## Instalación

En caso de que nos decantemos por un tema de los que nos ofrece WordPress en su catálogo, la instalación es muy sencilla, simplemente tendremos que hacer clic en el botón **Instalar** que encontraremos bajo el tema deseado.

Una vez instalado, sólo tendremos que hacer clic en el botón **Activar**.

En caso de que descarguemos un tema desde una web externa, obtendremos un archivo comprimido que contendrá los diferentes archivos php, css, etc. que componen el tema.

| Nombre | Tamaño | Comprimido | Tipo | Modificado | CRC32 |
|---|---|---|---|---|---|
| | | | Carpeta de archivos | | |
| core | | | Carpeta de archivos | 22/05/2016 6:00 | |
| css | | | Carpeta de archivos | 22/05/2016 6:00 | |
| epanel | | | Carpeta de archivos | 22/05/2016 6:00 | |
| et-pagebuilder | | | Carpeta de archivos | 22/05/2016 6:00 | |
| images | | | Carpeta de archivos | 22/05/2016 6:00 | |
| includes | | | Carpeta de archivos | 22/05/2016 6:00 | |
| js | | | Carpeta de archivos | 22/05/2016 6:00 | |
| lang | | | Carpeta de archivos | 22/05/2016 6:00 | |
| psd | | | Carpeta de archivos | 22/05/2016 6:00 | |
| readme.url | 76 | 76 | Acceso directo a l... | 22/05/2016 6:00 | 91DAD6C2 |
| 404.php | 485 | 234 | Archivo PHP | 22/05/2016 6:00 | A0734C1E |
| comments.php | 3.077 | 951 | Archivo PHP | 22/05/2016 6:00 | 4146B4EA |
| footer.php | 1.618 | 674 | Archivo PHP | 31/05/2016 10:56 | E63E2FB6 |
| functions.php | 336.496 | 35.748 | Archivo PHP | 22/05/2016 6:00 | 95C89AF3 |
| header.php | 10.540 | 2.355 | Archivo PHP | 22/05/2016 6:00 | F1D045C6 |
| index.php | 2.524 | 903 | Archivo PHP | 22/05/2016 6:00 | BB103033 |
| options_divi.php | 45.569 | 7.260 | Archivo PHP | 22/05/2016 6:00 | DF18D567 |
| page.php | 1.843 | 694 | Archivo PHP | 22/05/2016 6:00 | 085E019D |
| page-template-blank.php | 1.862 | 717 | Archivo PHP | 22/05/2016 6:00 | 78142BA8 |
| post_thumbnails_divi.php | 908 | 337 | Archivo PHP | 22/05/2016 6:00 | 67511699 |
| sidebar.php | 302 | 198 | Archivo PHP | 22/05/2016 6:00 | 74EEE150 |
| sidebar-footer.php | 695 | 281 | Archivo PHP | 22/05/2016 6:00 | E3DCFF6E |
| single.php | 4.833 | 1.469 | Archivo PHP | 22/05/2016 6:00 | 611D7DFB |

Para instalarlo, deberemos dirigirnos a **Apariencia>Temas>Añadir nuevo>Subir tema** y, en el sistema de subida de archivos que nos aparecerá, hacer clic en **Seleccionar archivo** y subir el fichero comprimido completo.

Añadir temas | Subir tema

Si tienes un tema en un archivo .zip, puedes instalarlo subiendo el archivo desde aquí.

Seleccionar archivo | Ningún archivo seleccionado
Instalar ahora

**¡OJO!**

Algunos temas descargados son entregados mediante un archivo comprimido que, aparte del tema, incluye otros elementos como documentación, archivos de edición de imagen, etc. Este archivo comprimido nunca sería el que tendríamos que subir a nuestro WordPress, tendríamos que extraer únicamente el archivo que incluya la estructura del tema.

Cuando tengamos el tema subido, nos saldrá un aviso informándonos de que se ha instalado con éxito. Bajo este aviso, nos aparecerá un botón de **Activar** que deberemos pulsar para empezar a utilizar el tema.

Existe otra opción para subir los temas, pero es algo más complicada. Consiste en subir la carpeta del tema a través de FTP o del sistema de gestión de archivos de nuestro servidor a la carpeta **/wp-content/themes/** de nuestro WordPress. Al hacerlo, el tema aparecerá en **Apariencia>Temas** y sólo nos quedará activarlo.

## Gestión y personalización

La gestión de los temas puede variar dependiendo del que hayamos seleccionado. Los temas más completos, suelen incluir un sistema de gestión gracias al cual podremos seleccionar de forma sencilla nuestro logo, el *favicon*, la estructura de colores... Este sistema de gestión suele aparecer dentro de los apartados **Apariencia, Herramientas o Ajustes**, aunque también puede aparecer como un elemento principal del menú.

Debido a que existen cientos de variedades de sistemas de gestión de temas, en esta guía vamos a centrarnos en la gestión y personalización de los temas estándar de WordPress, es decir, en los que vienen por defecto. Más concretamente en el último tema oficial en el momento en el que escribimos esta guía: *Twenty Seventeen*.

La personalización de los temas estándar de WordPress, se realiza principalmente desde el apartado **Apariencia>Personalizar**

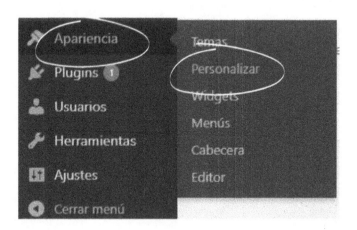

Una vez dentro, encontraremos en la parte derecha de nuestra pantalla un menú con los diferentes elementos que el tema nos permite configurar.

> **¡OJO!**
> Cada vez que realicemos una modificación dentro del apartado **Personalizar**, debemos pulsar en **Guardar y publicar**, de lo contrario, no se guardarán los cambios.

# Identidad del sitio

- En primer lugar, encontramos el selector de logotipo. Símplemente, tendremos que hacer clic en **Elegir logo** y, en la ventana emergente que nos aparece, hacer clic en **Selecciona archivos** y elegir de nuestro ordenador la imagen deseada.

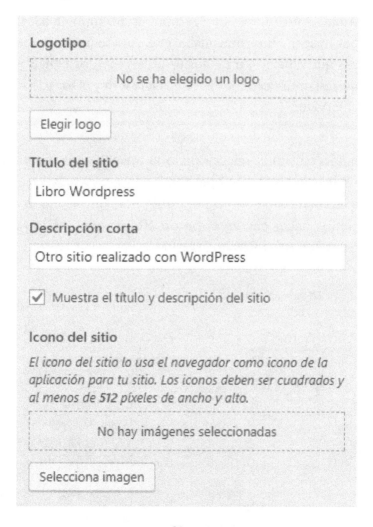

Arrastra archivos a cualquier lugar para subirlos

o

Tamaño máximo de archivo: 55 MB.
Dimensiones de imagen sugeridas: 512 por 512 píxeles.

---

### 💡 CONSEJO

Aunque WordPress nos permita un máximo de **55MB** por imagen, es recomendable que, para todas las imágenes que subamos, tratemos de no exceder los **150KB** ya que así optimizaremos la carga de la web y el espacio en el servidor.

---

Cuando hayamos seleccionado la imagen, nos mostrará un selector en el que aparecerá seleccionada la imagen que acabamos de subir. Para utilizarla, simplemente deberemos hacer clic en el botón **Elegir** que encontraremos en la parte inferior derecha.

En el cuadro que tendremos a la derecha podremos
observar los siguientes puntos:

— **Título**: Es el texto que aparece cuando alguien pasa
  el ratón sobre la imagen. No es relevante para el SEO
  pero deberíamos rellenarlo con una breve descripción
  de la imagen, por ejemplo, una buena descripción para
  una foto del presidente de una empresa sería: "Foto de
  Javier Sánchez, presidente de Empresa S.A."

— **Leyenda**: El texto que introduzcamos en este campo
  aparecerá como pie de foto.

— **Texto alternativo**: Es muy importante para ayudarnos
  a posicionar ya que es el que utilizan los principales
  buscadores para saber qué es lo que aparece en la imagen. Este texto también se muestra siempre que no se
  muestre la imagen (por problemas de carga, porque el
  usuario tenga la carga de imágenes desactivada, etc.) y
  es el texto que leen los sistemas automáticos para personas con discapacidad visual.

— **Descripción**: Este campo sirve como extensión al título.

DETALLES DE ADJUNTOS

logowebguiaburros.png
28 Julio, 2017
17 KB
157 × 72
Editar imagen
Borrar permanentemente

URL http://librowordpress-cp389.w

Título Logo de Guía-Burros Wordpro

Leyenda Guía Burros Wordpress es una guía práctica que te ayudará a crear tu web en

Texto alternativo Libro sobre Wordpress

Descripción Guía Burros Wordpress es una guía práctica que te ayudará a crear tu web en

- El segundo elemento que encontraremos dentro de **Identidad del sitio** será el **Título del sitio**. En él, deberemos indicar el título que tendrá nuestra web. Este título será el que aparezca en la pestaña del navegador que contenga nuestra web, en la cabecera de algunos temas y en los buscadores cuando enseñen nuestra página, por tanto, es muy importante definirlo correctamente, incluyendo en él una información que identifique correctamente a nuestra web y algunas palabras clave que nos ayuden a posicionar. La longitud del título no debería ser superior a **65** caracteres ya que sería truncado por los buscadores.

- La descripción corta acompañará al título en muchas ocasiones, incluyendo los buscadores, por ello, además de incluir en ella un texto que incite al usuario a entrar a tu web, deberías añadir algunas palabras clave (aunque los buscadores no tengan en cuenta la descripción para ayudarnos a posicionar, las palabras clave aparecerían en negrita cuando el usuario las busque, lo que nos ayudaría a resaltar nuestra web entre los demás resultados.
- La casilla **Muestra el título y la descripción del sitio** es la que hace que en la cabecera de la web aparezcan estos elementos. Si la desmarcamos, desaparecerán de ella.
- Por último encontramos el elemento **Icono del sitio**, este elemento también se conoce como *favicon* y es el icono que acompañará a nuestra web en los navegadores (en las listas de favoritos, en las pestañas...)

# Colores

Este apartado nos permitirá elegir de forma sencilla los colores de nuestra web. Con el elemento **Paleta de colores**, elegiremos el esquema de colores de nuestra web, mientras que con el elemento **Color del texto de la cabecera** elegiremos el color de la misma.

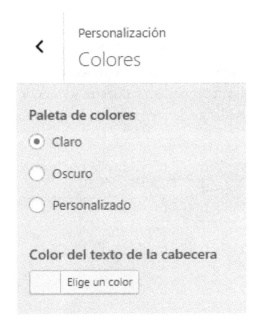

# Cabecera multimedia

Desde este apartado modificaremos la imagen de cabe-cera de nuestra web.

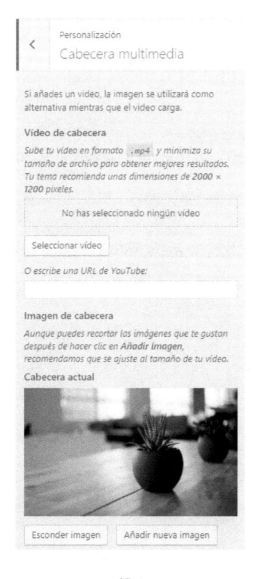

En temas modernos como el que estamos tratando, también tenemos la opción de incluir un vídeo. Esta opción es muy atractiva visualmente, pero puede ralentizar la carga de la web en conexiones lentas, valora si te merece la pena.

Para elegir una imagen (o vídeo), simplemente deberemos hacer clic en **Añadir nueva imagen** si queremos utilizar una imagen o en **Seleccionar vídeo** si queremos añadir un vídeo.

---

💡 **CONSEJO**

Las dimensiones recomendadas son de **2000x1200 píxeles.**

---

↗ **https://crearwebwordpress.guiaburros.es**

# Menús

Este apartado nos permite realizar una gestión rápida de los menús.

Como observamos en la imagen inferior, este tema incluye de origen dos menús, el **Menú de enlaces sociales** y **El Menú superior.**

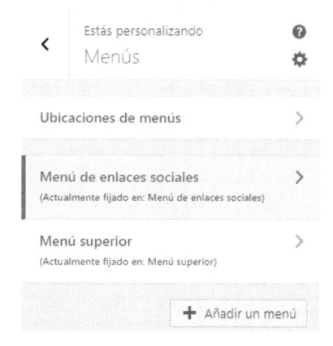

Inicio    Acerca de    Blog    Contacto

**INICIO**
Editar

¡Bienvenido a tu sitio! Esta es tu página de inicio, que es la que la mayoría de visitantes verán cuando vengan a tu sitio por primera vez.

_____
*Menú superior*

Inicio    Acerca de    Blog    Contacto

**ENCUÉNTRANOS**

**Dirección**
Calle Principal 123
New York, NY 10001

**Horas**
Lunes a viernes: 9:00AM a 5:00PM
Sábado y domingo: 11:00AM a 3:00PM

**ACERCA DE ESTE SITIO**

Este puede ser un buen lugar para presentarte y presentar tu sitio o incluir algunos créditos.

**BÚSQUEDA**

Buscar ...                                    🔍

Creado con WordPress

_____
*Menú enlaces sociales*

Para estudiar el funcionamiento de los menús, vamos a analizar el **Menú superior** por tener un funcionamiento común. Si entramos en él, encontramos, en un primer lugar, los diferentes elementos que se encuentran actualmente en el menú:

Manteniendo pulsado el botón izquierdo del ratón sobre uno de ellos, podremos arrastrarlo de arriba abajo o de abajo a arriba para cambiar el orden con el que se mostrará al usuario. También podremos modificar el orden pulsando el botón **Reordenar** que nos mostrará unas flechas en las que tendremos que hacer clic para subir o bajar los elementos.

**_i_** Podemos arrastrar algunos elementos del menú ligeramente hacia la derecha para que pasen a formar parte de otro elemento, es decir, estaríamos creando un submenú.

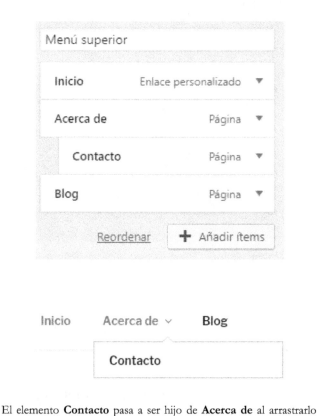

El elemento **Contacto** pasa a ser hijo de **Acerca de** al arrastrarlo ligeramente a la derecha.

Para añadir elementos al menú, tenemos que hacer clic en el botón **Añadir ítems**. Al hacerlo, nos aparecerá un nuevo módulo que nos permitirá añadir distintas clases de elementos.

Enlaces personalizados ▲

URL    http://

Texto del enlace

Añadir al menú

Páginas ▼

Entradas ▼

Categorías ▼

Etiquetas ▼

Formato ▼

## a. Enlaces personalizados:

Este apartado nos permite añadir cualquier tipo de enlace en su campo **URL**. Generalmente, lo utilizaremos para añadir enlaces a otras páginas web, pero también nos puede servir para enlazar algún archivo, para ello, simplemente tendríamos que subir el archivo al servidor (desde el apartado **Medios** de nuestro WordPress) y copiar su URL.

En el campo **Texto del enlace**, tendremos que introducir el título que tendrá el elemento en el menú, es decir, la palabra o palabras que tendrán que pulsar los usuarios para acceder a él.

### b. Páginas:

Aquí encontraremos cada una de las páginas que tenemos creadas (ver cómo crear páginas en el capítulo 4). Para añadir alguna de ellas al menú, simplemente tendremos que hacer clic sobre ella y aparecerá directamente en él. El campo **Añadir nueva página** que encontramos en la parte baja nos permite crear una página de forma rápida, sólo tendremos que escribir el título y hacer clic en **Añadir**.

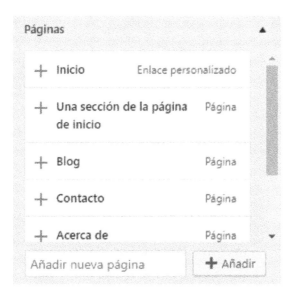

## c. Entradas:

El mecanismo es igual que para añadir páginas, no obstante, como veremos en el capítulo 4, las entradas no están pensadas para estar colocadas como elementos del menú, por tanto, en muy pocas ocasiones se utilizará este elemento.

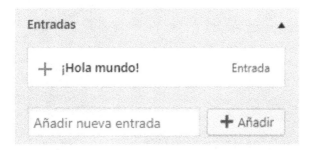

## d. Categorías:

Desde aquí podremos añadir una categoría en formato blog, es decir, se nos mostrarían todas las entradas pertenecientes a una categoría ordenadas según su fecha de creación. Para añadir una categoría al menú, solamente tendremos que hacer clic sobre ella. Aprenderemos a crear categorías en el capítulo 4.

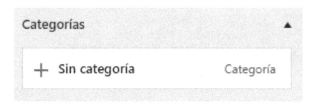

## e. Etiquetas:

Nos permite mostrar, en forma de blog, todas las entradas que posean una etiqueta determinada, independientemente de su categoría. Para añadir el elemento al menú, tendremos que clic sobre la etiqueta deseada.

### f. Formato:

Este elemento mostrará todas las entradas que tengan un formato determinado, independientemente de su categoría. Para añadir el elemento al menú, tendremos que clic sobre el formato deseado.

Bajo el sistema de gestión de elementos del menú, encontramos dos opciones más: **Mostrar ubicación** y **Opciones del menú.**

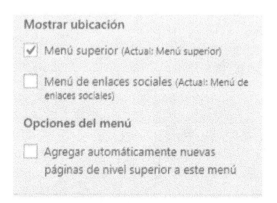

Con **Mostrar ubicación,** podemos seleccionar la posición del tema en la que aparecerá el menú que estamos editando. Cada tema tiene una serie de lugares diferentes en los que se pueden alojar menús, en el tema que estamos tratando, vemos como tenemos dos posiciones posibles **Menú superior** y **Menú redes sociales,** que coinciden con los dos menús que tenemos creados.

Dentro de **Opciones del menú** encontramos la opción **Agregar automáticamente nuevas páginas de nivel superior a este menú**. Esta opción hará que, todas las páginas que creemos y que no sean "hijas" de otras, aparezcan directamente en el menú.

Como recordarás, el tema que estamos utilizando incluye un **Menú de enlaces sociales**, este menú enlaza a nuestros visitantes a las diferentes redes sociales que tengamos creadas. Su funcionamiento es similar al que hemos estudiado, pero incluye una peculiaridad, y es que funciona mediante enlaces personalizados y no se muestra su etiqueta de navegación. En su lugar, el sistema utiliza la URL que introduzcamos para generar su icono correspondiente.

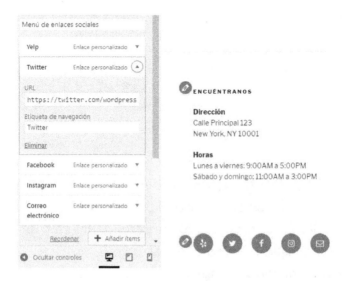

# Widgets

Los widgets son diferentes elementos visuales o funcionales que podemos añadir en los espacios que nuestro tema tenga habilitados para ellos. Existe una gran variedad de widgets que podemos ir ampliando mediante la instalación de plugins.

El tema que estamos utilizando incluye tres huecos para incluir widgets, siendo **Barra lateral del blog** la barra que encontramos en la parte derecha del blog y **Pie de página 1** y **Pie de página 2** los dos bloques que encontramos en el pie de nuestra web.

Para explicar el funcionamiento de los widgets, vamos a añadir un nuevo elemento dentro del bloque **Pie de página 1**.

En primer lugar, hacemos clic sobre él, ello nos llevará a un apartado donde encontraremos los diferentes widgets que contiene este bloque, en este caso, un widget HTML con una dirección y un horario.

Para añadir un nuevo widget hacemos clic en **Añadir un widget**. Esto nos abrirá un selector en el que podremos elegir el tipo de módulo que queremos añadir.

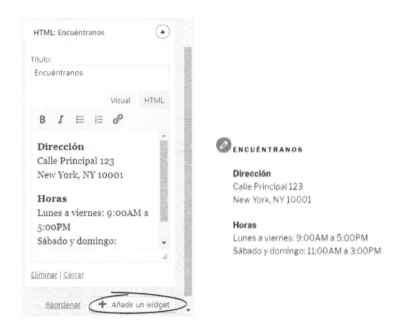

En este ejemplo, vamos a añadir un menú (aprovechando el menú superior que ya tenemos creado). Para ello, haremos clic en el tipo de widget **Menú personalizado**. Esto nos mostrará un campo **Título** en el que podemos poner un título al widget y un selector en el que deberemos seleccionar el menú que queremos que aparezca en el widget.

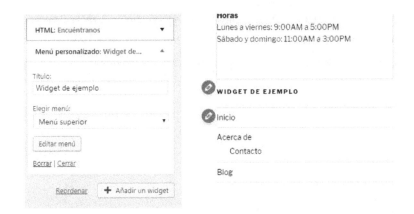

Haciendo clic en **Guardar y publicar** ya tendríamos publicado nuestro widget.

# Portada estática

Este apartado nos permitirá elegir cuál será la página principal de nuestra web. En primera instancia tenemos dos opciones:

a. **Tus últimas entradas**: Mostrará en la portada las últimas entradas que hayamos publicado, esta opción está pensada principalmente para blogs.

b. **Una página estática**: Mostrará la página que indiquemos en el desplegable **Portada**.

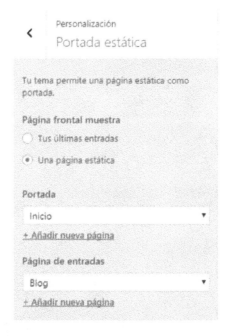

Por último, en el desplegable **Página de entradas** debemos seleccionar la página que mostrará nuestras entradas.

# CSS Adicional

Si tenemos conocimientos de CSS, este apartado nos resultará muy útil si queremos añadir algún estilo de forma rápida. Para hacerlo, tenemos que escribir el estilo directamente en el cuadro de texto.

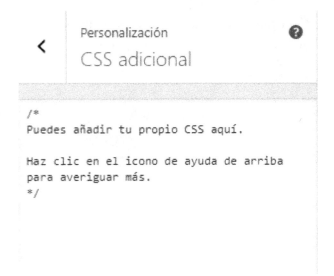

# Entradas y páginas

La estructura principal de WordPress se basa en **entradas** y **páginas**.

## Introducción y diferencias

A pesar de que la forma de edición y publicación de las páginas y las entradas es casi idéntica, su funcionamiento en WordPress es bastante diferente.

## Entradas

Las entradas son artículos que iremos escribiendo a lo largo del tiempo y que serán publicados con una fecha. Esa fecha se tendrá en cuenta a la hora de mostrar las entradas a nuestros visitantes ya que, en la mayoría de los casos, son mostradas por orden cronológico, de forma que las entradas más modernas van relegando el contenido antiguo.

WordPress nos da la opción de clasificar las entradas en categorías y asignarlas etiquetas, lo que facilita a los usuarios la navegación cuando busquen un contenido concreto. Profundizaremos en ello en el capítulo: **Cómo crear entradas correctamente.**

Generalmente, las entradas son utilizadas en blogs o, en la sección de "noticias", "artículos" o "novedades" de una web tradicional.

## Páginas

En las páginas no hay una fecha de publicación, se utilizan para mostrar el contenido estático de nuestra web, por ejemplo, un **Quiénes somos** o una página de contacto.

Una característica que nos ofrecen las páginas y no nos ofrecen las entradas es la posibilidad de hacer páginas hijo dependientes de una categoría superior.

# Cómo crear entradas correctamente

Ahora que ya sabemos lo que son las entradas, vamos a aprender cómo se crean y cómo se gestionan. Para ello, lo primero que tenemos que hacer es plantearnos si queremos organizarlas en categorías y, en caso de ser así, definir cuáles serán.

> **CONSEJO**
>
> Es muy recomendable organizar las entradas por categorías. Es posible que al principio no nos sean necesarias, pero, si en un futuro nos hacen falta, nos facilitará mucho el trabajo tener clasificados todos los artículos creados hasta el momento.

Cuando sepamos cuáles son las categorías que vamos a utilizar, debemos crearlas desde **Entradas>Categorías.** Aquí, veremos una serie de campos que debemos rellenar.

- En el campo **Nombre**, introduciremos el nombre de la categoría. Este es el único campo obligatorio.

- En el campo **Slug** introduciremos el nombre de la categoría que aparecerá en la URL de las entradas (previo al *slug* de la propia entrada), por ejemplo: **www.mipagina.com/nombrecategoria/ nombreentrada**

> 👁 ¡OJO!
>
> El campo **Slug** es tenido en cuenta para el SEO, debemos cuidarlo utilizando únicamente minúsculas y evitando caracteres extraños y espacios (en su lugar, usaremos guiones). Nos ayudaría incluir en él alguna palabra clave. Más información sobre el SEO en el capítulo 11.

- **Categoría superior:** Podemos crear una estructura de categorías en las que haya padres e hijos, por ejemplo, podríamos tener una categoría **Música** y dentro de ella una categoría **Pop** y otra **Rock**, de forma que todos los artículos de las categorías **Pop** y **Rock**, pertenecerían automáticamente a la categoría **Música**.

- **Descripción**: Tal y como nos indica WordPress: **La descripción no suele mostrarse por defecto, sin embargo hay algunos temas que puede que la muestren.**

Ahora que ya tenemos creadas nuestras categorías, es el momento de crear nuestra primera entrada, para ello, debemos dirigirnos a **Entradas>Añadir nueva**. Al hacerlo, nos encontraremos en primer lugar con un campo para introducir el título de nuestra entrada seguido de un gran espacio en el que redactaremos nuestro contenido.

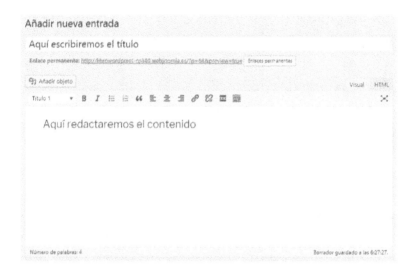

El título es muy importante para posicionar nuestra entrada en buscadores y para atraer la atención del público (No olvidemos que el título será lo primero que verán). Ten mucho cuidado a la hora de escribirlo:

- Es muy importante que los titulares de nuestros artículos no sean excesivamente largos, lo ideal es que su longitud esté entre **40** y **60** caracteres.
- Tenemos que tratar de usar en él las palabras clave con las que queremos posicionar nuestra entrada.
- Debemos buscar que sea llamativo para atraer al lector, para ello, podemos ser sugerentes, tratar de despertar la curiosidad, resolver un problema...

En cuanto al cuerpo de la entrada, debemos redactarla con una estructura coherente, con una introducción, un nudo y un desenlace, además, no debemos excedernos en longitud. Lo ideal tanto para SEO como para los lectores, es que nuestros artículos tengan una longitud de entre **1000** y **1500** palabras.

> ⚠ **IMPORTANTE**
>
> *Para Google, un contenido perfecto tiene una extensión de unas 1000 palabras, 3 imágenes y un vídeo.*

Es muy importante, al igual que en cualquier página web, que las imágenes que acompañen a nuestro texto no tengan un peso excesivo ya que ralentizarían la carga de nuestra web y podrían llegar a saturar nuestro servidor. Lo ideal es utilizar imágenes de entre **50** y **100** kilobytes (para un tamaño estándar de imagen de **300** píxeles en su lado más largo.

Para añadir medios (imágenes, vídeos, audios o documentos) a nuestra publicación, tenemos que hacer clic en el botón 📷 Añadir objeto que encontraremos en la parte superior izquierda del cuadro de texto. Al hacerlo, se nos abrirá una ventana en la que, en primer lugar, veremos todos los medios que tenemos actualmente subidos a nuestro WordPress (pestaña **Biblioteca de medios**).

En caso de que queramos utilizar alguno de esos medios, solamente tendremos que hacer clic sobre él y, a continuación, pulsar el botón **Insertar en la entrada**

---

**🛈 CONSEJO**

Podemos seleccionar más de un medio. Si lo hacemos, al hacer clic en **Insertar en la entrada** , se insertarán todos los seleccionados.

---

Si queremos subir nuevos medios, tenemos que pasar a la pestaña **Subir archivos** que encontraremos en la parte superior.

Al hacerlo, nos encontraremos con una herramienta que nos permitirá seleccionar desde nuestro ordenador los archivos que queramos subir (con un máximo de **55 MB**) ya sea pulsando el botón **Selecciona archivos** o arrastrando los archivos que queramos subir sobre la ventana.

Cuando tengamos subidos nuestros archivos, el sistema nos pasará de nuevo a la pestaña **Biblioteca de medios**, pero, esta vez, con los nuevos archivos subidos y seleccionados. Solamente nos quedará hacer clic en

El cuadro de edición se completa con una pequeña barra de herramientas que nos ofrece algunas funciones interesantes.

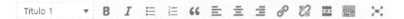

Vamos a analizar cada uno de sus elementos de izquierda a derecha, siempre teniendo en cuenta que esta barra puede verse alterada tras la instalación de algunos *plugins*:

- 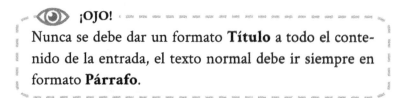 Con este primer desplegable podremos dar diferentes formatos al texto que tengamos seleccionado.

- **B** Pondrá en negrita el texto seleccionado.

- *I* Pondrá en cursiva el texto seleccionado.

- ≔ Creará una lista sin numerar.

- ≔ Creará una lista numerada.

- ❝ Marcará el texto seleccionado como una cita.

- ≣ ≣ ≣ Nos permiten seleccionar la alineación del texto.

- 🔗 ✂ Insertar o eliminar un enlace.

- ▦ Inserta un **Leer más**, que será tenido en cuenta por la mayoría de temas a la hora de mostrar la versión abreviada de la entrada.

- ⌨ Nos genera una nueva barra de herramientas con más opciones:

  ABC  —  A ▾  📋  ⌀  Ω  ⇥  ⇥  ↶  ↷  ❓

  - ABC Tacha el texto seleccionado.
  - — Inserta una línea horizontal.
  - A ▾ Cambia el color del texto.
  - 📋 Pega el texto que tengamos en el portapapeles como texto plano (sin formato).
  - ⌀ Quita el formato del texto seleccionado.
  - Ω Insertar caracteres especiales.
  - ⇥ ⇥ Reducir o aumentar sangría.
  - ↶ ↷ Deshacer o rehacer cambios.
  - ❓ Nos muestra los atajos del teclado.

- ⤢ Nos oculta todos los elementos de la pantalla a excepción del campo de título y el cuadro de escritura.

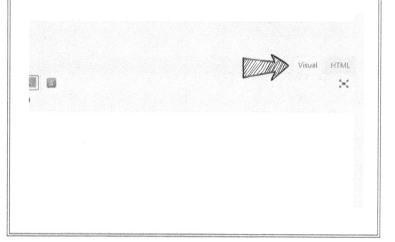
Pasamos a analizar cada uno de los bloques que encontramos en la parte derecha, vamos a hacerlo de abajo a arriba.

**Imagen destacada** es el primer bloque que nos encontramos en la parte baja. Este bloque nos permite seleccionar una imagen que será mostrada junto a nuestro artículo de forma destacada (dependiendo del tema que estemos utilizando, puede aparecer de una forma u otra).

Debemos hacer clic en **Establecer imagen destacada** y a continuación subir o seleccionar la imagen que queramos utilizar.

El bloque **Etiquetas** nos ofrece una forma de clasificación de entradas bastante eficiente. Al utilizar este sistema, podremos mostrar de forma agrupada todas las entradas que tengan una etiqueta determinada. Podemos añadir todas las etiquetas que queramos a la vez, separándolas por comas o añadirlas una a una pulsando el botón **añadir** cada vez que escribamos una. No es necesario que las etiquetas que utilicemos estén creadas previamente, pero, por supuesto, tenemos que tener en cuenta las etiquetas que hay creadas para tratar de reutilizarlas siempre que sea posible y así generar un buen sistema de agrupamiento.

El cuadro categorías nos permite seleccionar la categoría o categorías a las que pertenecerá la entrada. Haciendo clic en **Añadir nueva categoría**, podremos añadir una nueva de forma rápida.

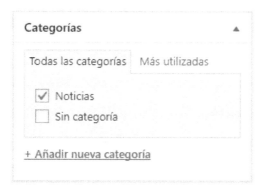

El cuadro **Formato** nos permite seleccionar la estructura que tendrá la entrada, adaptando el tema a lo que seleccionemos. Su uso es bastante limitado y sólo será útil en casos muy concretos.

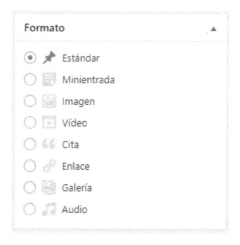

Por último, en la parte superior encontramos el cuadro **Publicar** que nos da una serie de opciones.

- El botón **Solo guardar o Guardar como borrador**, guardará nuestra entrada como borrador, para poder seguir editándola en el futuro o para publicarla en otro momento.
- El botón **vista previa** nos permitirá visualizar la entrada tal y como la verán los visitantes de nuestra página.
- El selector **Estado** nos permite seleccionar cómo se encuentra actualmente la entrada. Encontraremos **Borrador**, **Pendiente de revisión** y, si ya hemos publicado alguna vez la entrada, **Publicada**.
- **Visibilidad** nos permite seleccionar quién podrá visitar la entrada. Nos ofrece tres opciones:
  - Público: Todo el mundo podrá verla (Además, in-

cluye un checkbox llamado Fijar esta entrada a la página de inicio, lo que hará que la entrada no vaya descendiendo a medida que se vayan publicando entradas nuevas).

- Protegido por contraseña: Nos permite seleccionar una contraseña que tendrá que ser introducida por todos los usuarios  que quieran acceder a la entrada.

Protegido: Aquí escribiremos el título

Este contenido está protegido por contraseña. Para verlo introduce tu contraseña a continuación:

**Contraseña:**

[                                              ]

Entrar

En la imagen anterior se puede observar como verán los usuarios inicialmente una entrada protegida por contraseña.

- Privada: Ningún usuario externo podrá ver la entrada.
- Publicar nos da la opción de elegir cuando se publicará la entrada, podemos hacerlo inmediatamente como viene por defecto o en una fecha determinada.
- Mover a la papelera: eliminaría la entrada.
- Publicar: publicará la entrada. Este botón cambia de nombre a Programar cuando seleccionamos que la entrada no se publique inmediatamente.

*Podemos perder muchos lectores si publicamos nuestros artículos en el momento equivocado. Lo ideal es que vayamos estudiando el comportamiento de nuestro público con alguna herramienta de analítica, pero, por norma general, los martes y miércoles son los días más populares para realizar publicaciones.*

## Cómo crear páginas correctamente

El proceso de creación de páginas es muy similar al proceso de creación de entradas.

Para hacerlo, tenemos que entrar en **Páginas>Añadir nueva**.

La principal diferencia que encontramos es que ahora no podremos elegir formato, categorías ni etiquetas. A cambio, podremos hacer que nuestra página sea dependiente de otra superior. Para ello, tendremos que fijarnos en el cuadro **Atributos de página** que encontramos en la parte derecha de la pantalla.

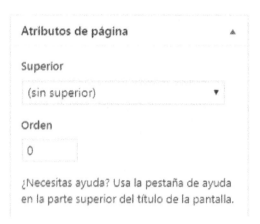

Desde el desplegable **Superior,** podremos seleccionar la que sería página "padre" de la que estamos creando/editando.

# Comentarios

Los comentarios son un elemento esencial para cualquier blog y para algunas páginas web.

Es la forma más directa de que nuestros visitantes interactúen con nuestro contenido, con nosotros y con otros visitantes.

Deja un comentario

Conectado como admin. ¿Quieres salir?

**Comentario**

Publicar comentario

Su gestión se realiza desde la sección **Comentarios** que encontramos en el panel de nuestro WordPress. Desde ella, podremos aprobar comentarios pendientes de moderación, eliminar comentarios que no nos interesen, etc.

# ¿Cómo configurarlos?

Para configurar los comentarios debemos acceder a **Ajustes>Comentarios.**

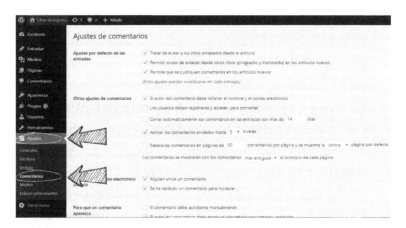

Desde esta sección encontraremos las siguientes configuraciones:

- **Tratar de avisar a los sitios enlazados desde el artículo:** Si en una entrada vinculamos a un sitio web que tenga activado un sistema de *pingback* o *trackback*, nuestro sistema le enviará una notificación si tenemos esta casilla marcada. De esta forma, el propietario de la web enlazada, puede decidir mostrar el trackback en la sección de comentarios del artículo enlazado, lo que nos permitiría recibir a cambio a algunos visitantes de la web enlazada. Esto además, nos ayudaría a posicionar en buscadores (SEO Offpage).
- **Permitir avisos de enlaces desde otros sitios (pingbacks y trackbacks) en los artículos nuevos:**

Con esta casilla marcada, seríamos nosotros los que recibiríamos las notificaciones cuando otros sitios web con este sistema activado enlazasen alguno de nuestros artículos. Verás estas notificaciones en la pantalla de Comentarios de tu WordPress.

- **Permite que se publiquen comentarios en los artículos nuevos:** Debemos mantener esta casilla marcada si queremos que las entradas que vayamos creando tengan activa la sección de comentarios.

- **El autor del comentario debe rellenar el nombre y el correo electrónico:** Si desmarcamos esta opción, los usuarios no tendrán la obligación de incluir su nombre y correo electrónico al escribir un comentario. No es recomendable desmarcarla ya que sirve como elemento para prevenir el spam (comentarios no deseados, generalmente publicitarios).

- **Los usuarios deben registrarse y acceder para comentar:** Esta casilla evitaría que los usuarios que no tienen cuenta en nuestra web puedan escribir comentarios. Debemos tener en cuenta que muchas plantillas no están preparadas para registrar usuarios sin modificarlas.

- **Cerrar automáticamente los comentarios en las entradas con más de X días:** Esta casilla marcada haría que no se puedan escribir comentarios en entradas que hayan sido publicadas hace más de X días, siendo X un número configurable.

- **Activar los comentarios anidados hasta X niveles:** Un comentario anidado es aquel que está respondiendo a otro comentario. Es recomendable establecer un nivel máximo de anidamiento para evitar descuadres en nuestra página.

- **Separa los comentarios en páginas de X comentarios por página y se muestra la [primera | última] página por defecto:** El sistema nos permite dividir los comentarios en páginas para evitar que una entrada con mucho éxito pueda llegar a tener un scroll demasiado largo. X sería el número de comentarios que habría en cada una de esas páginas y **primera** o **última**, se refiere a la página que se vería en primer lugar cuando haya varias páginas de comentarios (seleccionando **última**, veríamos la página con los últimos comentarios y seleccionado **primera** la página con los primeros).

- **Los comentarios se mostrarán con los comentarios [más antiguos | más recientes] al principio de cada página:** Este elemento nos permite seleccionar el orden que tendrán los comentarios. Seleccionando **Más antiguos**, los comentarios irán de arriba abajo con fecha creciente, mientras que si seleccionamos **Más recientes,** irán con fecha decreciente.

- **Enviarme un correo electrónico cuando:** Hará que el sistema envíe un email al autor del artículo cada vez que alguien envía un comentario y/o se ha recibido un comentario para moderar. Según deseemos.

- **Para que un comentario aparezca:** Nos sirve como herramienta para evitar posibles trolls (usuarios que entran a nuestra web sólo para molestar) y spam. Si seleccionamos **El comentario debe aprobarse manualmente,** deberemos aprobar todos los comentarios que se publiquen, mientras que si seleccionamos

**El autor del comentario debe tener un comentario previamente aprobado** nos bastará con aprobar un comentario de cada usuario para que, a partir de ese momento, todos sus demás comentarios sean publicados automáticamente. Por supuesto, existe la posibilidad de mantener estas dos casillas desmarcadas, de forma que absolutamente todos los comentarios serían publicados de forma automática, sin necesidad de aprobación.

- **Moderación de comentarios:** Nos permite, en un primer lugar que los comentarios con más de X enlaces no sean publicados de forma automática. Esto sirve como elemento anti-spam ya que la mayoría de los comentarios de este tipo contienen una gran cantidad de enlaces. En segundo lugar nos permite añadir una lista de palabras prohibidas de forma que cada vez que un comentario tenga alguna de esas palabras, no será publicado automáticamente y quedará pendiente de moderación. Debemos incluir una palabra por línea, de lo contrario, consideraría palabra al conjunto de palabras que aparezcan en la línea.

- **Lista negra:** Su mecánica es como la de la lista de moderación, pero, a diferencia de ella, todos los comentarios que posean alguna palabra que aparezca en esta lista, irán directamente a la papelera.

*i* Podemos activar o desactivar los comentarios en cada entrada o página de forma individual, para ello, desde la lista de entradas o páginas, haz clic en el botón **Edición rápida** y marca o desmarca la casilla **Permitir comentarios**.

## ¿Cómo evitar el spam?

Uno de los principales problemas que podemos encontrarnos en nuestro WordPress es que nuestras secciones de comentarios reciban una gran cantidad de spam.

Para evitarlo, lo primero que tenemos que hacer es tener bien hecha la configuración que acabamos de estudiar:

- Marcar la opción **El autor del comentario debe rellenar el nombre y el correo electrónico.**
- Si no nos supone mucha molestia, marcar la opción **El autor del comentario debe tener un comentario previamente aprobado.**
- Configurar como máximo en **2** el apartado **Mantener un comentario en espera si contiene más de X enlaces.**

Lamentablemente, muchos robots son capaces de saltarse el primer y tercer punto. El segundo no pueden saltárselo, pero nos supondrá una molestia el tener que gestionar todos los comentarios spam.

Para solucionarlo, la mejor opción es configurar el plugin **Akismet**, que, en la actualidad, viene instalado de serie en WordPress. Con este sistema activado, cada vez que se trate de publicar un comentario en nuestro WordPress, éste será enviado a **Akismet**, que lo cotejará con su base de datos de correos electrónicos, nombres de usuarios e IPs utilizados típicamente como spam y, si coincide con alguno de ellos, será enviado a nuestra carpeta spam.

Para configurarlo, lo primero que tenemos que hacer es entrar en akismet.com y pulsar en **SAY GOODBYE TO COMMENT SPAM**:

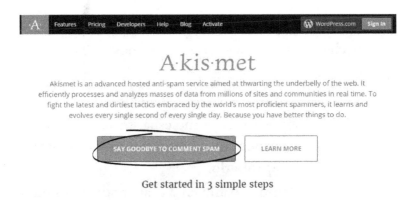

A continuación, tenemos que elegir el plan que mejor se adapte a nuestras necesidades (con el básico será suficiente en la mayoría de casos).

Simple, Affordable Pricing.

A continuación, el sistema nos solicitará iniciar sesión en WordPress.com. Si ya tenemos una cuenta, podemos iniciarla haciendo clic en **I already have a WordPress. com account!**. En caso contrario, deberemos rellenar el formulario inferior con nuestro email, nombre de usuario y contraseña y hacer clic en **sign up**.

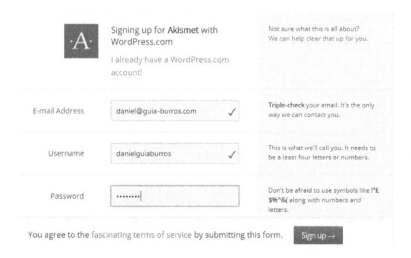

A continuación, el sistema nos da la opción de pagar por utilizarlo para ayudar a los desarrolladores. Queda en manos de cada usuario elegir si pagar y, en caso de ser así, qué cantidad. Una vez rellenos los datos del formulario (datos de contacto y, en su caso, datos de pago), podremos hacer clic en **Continuar.**

En el siguiente paso, el sistema nos abrirá un *pop-up* con nuestra clave de API. Debemos copiarla.

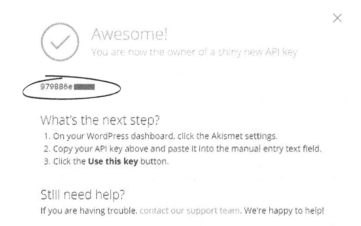

Hecho esto, ahora debemos volver a nuestro WordPress y entrar en **Plugins>Plugins instalados**, donde veremos el plugin **Akismet Anti-spam**.

Tenemos que hacer clic en **Activar**. Esto nos generará una barra en la parte superior de nuestro WordPress con un botón **Configura tu cuenta de Akismet** en el que deberemos hacer clic.

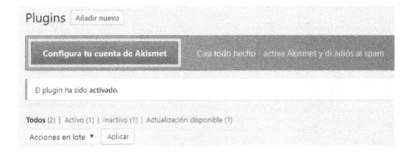

A continuación, el sistema nos pedirá nuestra clave de API, sólo debemos pegarla y hacer clic en **Conectar con la clave de API**.

Hecho esto, el plugin ya está configurado y funcionando. Para ver todos aquellos comentarios que han sido enviados a spam, debemos acceder a **Comentarios** y pulsar el enlace **spam** que encontramos en la parte superior.

Al entrar, veremos, bajo cada uno de los comentarios un enlace de **No es spam**. Al pulsarlo, el comentario pasará a la carpeta **Todos** junto al resto de comentarios reales.

# Plugins
## ¡Añade funcionalidades a tu página!

Como ya hemos visto a lo largo de esta guía, los plugins son un elemento prácticamente esencial en WordPress, gracias a ellos podemos ampliar las funcionalidades de nuestra web hasta unos niveles realmente sorprendentes.

## Instalación

La instalación de plugins es muy similar a la instalación de temas que ya hemos analizado.

### Instalación mediante el directorio de plugins de WordPress

En primer lugar, tenemos la opción de instalar plugins directamente desde la sección **Plugins>Añadir nuevo** de nuestro WordPress. Esta sección nos muestra un directorio de plugins gratuitos donde, en muchas ocasiones, encontraremos lo que estamos buscando.

Cuando encontremos el plugin que estamos buscando, solamente tendremos que hacer clic en **Instalar ahora** y el sistema realizará todo el proceso de instalación del plugin. Una vez instalado, solo quedará hacer clic en el botón **Activar**.

👁 **¡OJO!**

Activar el plugin no implica que ya esté funcionando. En muchos casos es así, pero en otros, es necesario realizar una configuración. Debemos consultar la documentación del plugin.

## Instalación mediante subida del plugin

En algunas ocasiones deberemos recurrir a plugins que no aparecen en el directorio de plugins de WordPress (generalmente esto ocurre cuando queremos instalar plugins de pago).

Para subir un plugin desde un archivo, tenemos dos opciones:

1. Subir el plugin desde nuestro escritorio de WordPress a través de **Plugins>Añadir nuevo>Subir plugin**

Esto nos permitirá subir directamente el .zip del plugin. Una vez subido, el sistema nos informará de que todo ha ido bien y nos mostrará directamente un botón **Activar Plugin** que deberemos pulsar.

## Instalando plugin desde el archivo: plugin.zip

Descomprimiendo...

Instalando el plugin...

Plugin instalado con éxito.

 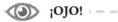

---

 **¡OJO!**

Algunos desarrolladores nos entregan un fichero comprimido que incluye documentación adicional del plugin. En este caso nunca debemos subir el archivo completo. Dentro de él, encontraremos otro fichero comprimido que incluirá únicamente los ficheros del plugin, será ese el que deberemos subir.

---

2. Subir el plugin desde FTP o desde el administrador de ficheros de nuestro servidor.

   En este caso, deberíamos subir la carpeta con todos los ficheros del plugin **sin comprimir** al directorio **wp-content/plugins**. Tras hacerlo, deberemos dirigirnos desde nuestro panel de WordPress a **Plugins>Plugins instalados** y activar el plugin que hemos subido. Este proceso de subida es algo más engorroso y no aporta ninguna ventaja respecto al anterior, pero debemos conocerlo por si surgiese la necesidad.

# Plugins recomendados

- **Akismet**: Como ya hemos visto, es un sistema muy recomendable para evitar spam en nuestras secciones de comentarios.

- **Contact Form 7:** Plugin muy popular para crear formularios de contacto. Su funcionamiento es muy sencillo.

- **Jetpack**: Plugin polivalente que se podría explicar como un "plugin de plugins". Sus funcionalidades incluyen muchos elementos básicos que, sin jetpack, nos obligarían a ir buscando diversos plugins que las fuesen realizando (Compartir nuestros artículos directamente en redes sociales, botones para que los visitantes puedan compartir nuestros artículos, estadísticas...)

- **Visual Composer:** Sistema muy avanzado que nos permite maquetar y diseñar los contenidos de nuestras páginas y entradas de una forma muy sencilla, rápida y visual, con un sistema de elementos altamente intuitivo.

- **W3 Total Caché**: Almacena en memoria caché diversos elementos de nuestra web para poder ofrecer una carga más rápida.

- **WooCommerce:** Imprescindible para crear una tienda online en WordPress. Lo repasaremos en el capitulo **WooCommerce: Imprescindible para crear tu tienda online**.

- **WPML:** El plugin más popular para traducir WordPress a casi cualquier idioma.

- **Yoast SEO**: Herramienta imprescindible para mejorar el posicionamiento de tu web de forma sencilla y completa. Estudiaremos su funcionamiento en el capítulo **SEO: El posicionamiento lo es todo.**

# Usuarios

El sistema de usuarios de WordPress puede resultarnos muy útil o prácticamente inútil dependiendo de la utilidad de nuestra página y la gestión que queramos de ella.

## ¿Quiénes son los usuarios y qué tipos hay?

Los usuarios son todas aquellas cuentas personales registradas en la página. Existen los siguientes tipos:

- **Suscriptor:** Es el nivel básico de usuario registrado, podrá acceder a contenido privado o sólo para suscriptores.
- **Colaborador:** Son usuarios que pueden escribir nuevos artículos y noticias y modificarlos. Sus artículos no se publican automáticamente sino que deben ser aprobados por un administrador.
- **Autor:** Igual que colaborador, pero en este caso, se pueden publicar directamente sus artículos.
- **Editor:** Puede gestionar todos los artículos y páginas por completo, independientemente de su autor.
- **Administrador:** Puede hacerlo todo.

# Gestión de usuarios

La gestión de los usuarios va a depender en todo caso del modelo de negocio que sigamos para nuestra web.

Si nuestra plantilla nos permite un registro de usuarios y queremos activarlo, lo primero que debemos hacer es acceder a **Ajustes>Generales** y marcar la casilla **Cualquiera puede registrarse**. Al hacer esto, todos los nuevos usuarios que se registren, lo harán como **Suscriptor**.

Esta suele ser la opción óptima en la mayoría de casos, pero si queremos modificarla, podremos hacerlo desde el desplegable que aparece junto a la etiqueta **Perfil predeterminado para nuevos usuarios**.

Si queremos crear usuarios de forma manual (para permitir que otras personas puedan publicar artículos en nuestro blog o web), debemos acceder a **Usuarios>Añadir nuevo.**

Tendremos que rellenar los campos que nos aparecen, donde **Nombre de usuario** y **Correo electrónico** son obligatorios y únicos (no pueden repetirse).

La contraseña podemos modificarla tras pulsar el botón **Mostrar contraseña.** Si no lo hacemos, se utilizará una contraseña generada de forma aleatoria.

En el selector **Perfil** tendremos que elegir el tipo de perfil que asignaremos a este usuario concreto.

Se debe tener cuidado a la hora de hacerlo ya que dar muchos permisos a una persona equivocada puede generarnos muchos problemas. Debemos tratar de dar los permisos justos para que el usuario pueda trabajar en la labor que va a acometer, tratando de evitar **dar alegremente** permisos de administrador.

# Herramientas

La sección **Herramientas** de nuestro WordPress puede contener diferentes sistemas que nos permitan realizar algunas funciones extra, generalmente, esta sección se va rellenando con plugins que vamos instalando (aunque no todos los plugins van a ella).

En esta guía nos vamos a centrar en dos herramientas que vienen de origen con WordPress y que pueden sernos de gran utilidad: exportar e importar.

## Exportar

En primer lugar, vamos a ver como exportar el contenido de nuestro WordPress (generalmente para importarlo en otro WordPress diferente. Para ello, hacemos clic en **Herramientas>Exportar.**

Dentro de esta sección, el sistema nos permitirá seleccionar qué es lo que queremos exportar.

## Elige qué exportar

( • ) Todo el contenido

*Esto contendrá todas tus entradas, páginas, come[*

( ) Entradas

( ) Páginas

( ) Medios

**Descargar el archivo de exportación**

---

👁 **¡OJO!**

No siempre será necesario exportar todo el contenido, depende de las necesidades de la exportación. Por ejemplo, si queremos fusionar los artículos de dos blogs diferentes, lo normal sería que únicamente exportásemos las entradas.

---

A continuación, pulsaremos el botón **Descargar el archivo de exportación** y se nos descargará un fichero XML con toda la información que necesitamos.

# Importar

Los sistemas de importación no vienen instalados de serie ya que tenemos una gran variedad de opciones dependiendo del origen de los datos a importar. En nuestro caso, vamos a estudiar como importar datos desde WordPress, pero el proceso es similar con el resto de sistemas.

Lo primero que tenemos que hacer al entrar en **Herramientas>Importar**, es instalar el sistema de importación que nos corresponda pulsando en **Instalar ahora**.

Al hacerlo, la visualización cambiará y nos aparecerá un enlace **Ejecutar importador** que deberemos pulsar.

En el siguiente paso, deberemos seleccionar el archivo que queremos importar y hacer clic en el botón **Subir archivo e importar**.

Al hacerlo, nos aparecerá en primer lugar un selector que nos permite elegir cuál será el autor, al que se le asignará al contenido que vamos a importar. Si no lo cambiamos, asignará como autor el usuario administrador actual. Si queremos que se cree un nuevo usuario para este contenido, tendremos que indicarlo en el campo **o crear un nuevo usuario con el nombre de inicio de sesión** y si queremos asignar el contenido a un usuario existente diferente al administrador actual, tendremos que seleccionarlo en el desplegable que aparece a continuación de **o asignar entradas a un usuario existente**.

Bajo estas opciones, nos aparece otra llamada **Importar adjuntos** que nos da la opción de descargar e importar los archivos adjuntos del contenido que estamos importando. Lo habitual es marcar esta opción ya que, de lo contrario, desaparecerían y nuestro contenido estaría incompleto. El único problema que genera dejar marcada esta opción es que debemos contar con la carga de espacio en el servidor que supone.

Con todo listo, haremos clic en **Enviar** y esperaremos hasta que el sistema nos indique **Todo hecho. ¡Pásalo bien!**

# Ajustes

En este capítulo vamos a examinar los ajustes de origen de la sección **Ajustes** de WordPress. Al instalar algunos plugins, en esta sección nos aparecerán nuevos elementos.

## Generales

- **Título del sitio:** Será el título que aparecerá en la pestaña del navegador donde esté cargada la portada de nuestra web, el título que aparecerá en nuestra cabecera si así está configurado en nuestra plantilla y el título que utilizarán los buscadores para mostrar nuestra web.

 **IMPORTANTE**

*El título es relevante para el SEO y, al ser el título que se verá en los buscadores, nos interesa que sea llamativo.*

 **¡OJO!**

Al instalar algunos plugins de SEO como Yoast SEO, el título que utilizarán los buscadores dejará de ser el que indiquemos aquí y pasará a ser el que se indique en el plugin.

- **Descripción corta**: Acompañará al título en la mayoría de ocasiones siendo una extensión de él. Debe ser corta para no ser truncada.

- **Dirección de WordPress (URL)**: Es la dirección donde tenemos instalado nuestro WordPress. Si nuestro WordPress está instalado en la raíz del servidor (Como es habitual), esta dirección será únicamente nuestra URL, por ejemplo, **http://www.tudominio. com,** pero si nuestro WordPress está instalado dentro de una carpeta, en este campo debería ir indicado de la siguiente forma: **http://www.tudominio.com/ nombredelacarpeta.**

- **Dirección del sitio (URL)**: Es la dirección donde se mostrará la portada de nuestra web. No es necesario que sea igual que la anterior, permitiéndonos que, aunque tengamos nuestra web instalada en un directorio del servidor, la URL no incluya el nombre de esa carpeta.

- **Dirección de correo electrónico**: Es la dirección a la que llegarán los avisos administrativos de la web.

- **Miembros:** Como ya hemos visto, permite seleccionar si queremos que nuestros visitantes puedan registrarse en la web.

- **Perfil predeterminado para nuevos usuarios**: Como ya hemos analizado, nos permite seleccionar el perfil que tendrán los nuevos usuarios.

- **Idioma del sitio:** Nos permite cambiar el idioma de nuestro WordPress. Por supuesto, sólo cambiará los elementos propios de WordPress (Tanto del back office como del front office), pero nunca contenido creado por nosotros.

- **Formato de fecha, hora, comienzo de semana:** El cambio de estos elementos afecta a toda la instalación básica de Wordpress, pero algunos temas pueden no tenerlo en cuenta.

## Escritura

- **Ajustes de escritura:** Nos permite seleccionar la categoría y formato que tendrán las entradas por defecto.
- **Publicar por correo electrónico:** Este sistema nos permite enviar correos electrónicos a la dirección que configuremos, de forma que esos correos serán publicados automáticamente como entradas.

  Lo primero que tenemos que hacer es, desde el panel de control de nuestro servidor, crear una cuenta de correo electrónico exclusiva para este fin. Es muy importante que esta cuenta de correo electrónico sea secreta ya que, todo aquel que la conozca, podría publicar entradas en nuestro WordPress.

  Una vez creada la cuenta, solamente nos quedará rellenar los campos que nos solicita Wordpress igual que lo haríamos para configurar la cuenta en cualquier cliente de correo y seleccionar cuál será la categoría en la que se publicarán estas entradas.

- **Servicios de actualización:** Cuando publicamos entradas en nuestro WordPress, los buscadores pueden tardar un tiempo en indexarlas. Para minimizarlo, podemos introducir en este cuadro alguno servicios que se encargan de enviar pings informativos cada vez que realicemos una publicación.

# Lectura

- **Página frontal muestra**: Nos permite seleccionar si en la portada de nuestra página habrá una lista con nuestras últimas entradas (blog típico) o una página estática (web típica). En caso de seleccionar esta última opción, nos permite seleccionar cual será la página de inicio y la página donde mostraremos nuestras entradas.

- **Número máximo de entradas a mostrar en el sitio**: Se refiere al número de entradas que se mostrarán en la página principal de entradas, pero no limita el número de entradas total.

- **Número máximo de entradas a mostrar en el feed**: Se refiere al número de entradas que aparecerán en nuestro feed (RSS). Este sistema sirve para que los diferentes lectores RSS reciban las entradas que vamos publicando. Para ver nuestro feed RSS, debemos acceder a la url de nuestro sitio seguida de **/?feed=rss2**, por ejemplo: **www.tudominio.com/?feed=rss2**.

- **Para cada entrada del feed mostrar**: Nos permite seleccionar si en el feed se mostrará la entrada completa o solamente un resumen. En caso de seleccionar **Resumen**, será necesario entrar a nuestra web para leer la entrada completa.

- **Visibilidad en los motores de búsqueda**: Nunca debería estar seleccionado, si así fuese, los buscadores no nos indexarían y sería prácticamente imposible generar tráfico en nuestra web.

## Comentarios

La explicación de este apartado fue estudiada en el capítulo **Comentarios**.

## Medios

- **Tamaño de la miniatura | medio | grande**: Las dimensiones que configuremos aquí, serán las que se apliquen cuando se seleccione alguno de estos tamaños en las imágenes que publiquemos.
- **Organizar mis archivos subidos en carpetas basadas en mes y año:** Por defecto esta opción viene activada, sirve para obtener una mejor organización de los medios en nuestro servidor. Su principal inconveniente es que, en caso de tener algún medio que, por algún motivo, hemos subido con un tamaño excesivo, pero no sabemos cuál es ni en qué momento se publicó, no podremos organizar todos los medios directamente por tamaño para encontrar el problema, si no que tendremos que utilizar alguna herramienta externa o buscar en todas las carpetas una a una.

# Enlaces permanentes

- **Ajustes comunes**: Aquí configuraremos las URL que tendrán todos nuestros artículos, páginas, medios... La opción óptima es **Nombre de la entrada** ya que es muy beneficiosa para ayudarnos a posicionar y más amigable para el público.
- **Opcional:** Nos da la opción de añadir a las URL un elemento personalizado.

↗ **https://crearwebwordpress.guiaburros.es**

# Actualizaciones

## Actualización de WordPress

Cuando exista una nueva versión de WordPress, nos aparecerá un aviso en la parte superior de nuestro panel.

¡Ya está disponible WordPress 4.8.1! Por favor, actualiza ahora.

👁 **¡OJO!**
Aunque las actualizaciones generalmente suelen mejorar el sistema, debemos tener mucho cuidado a la hora de realizarlas e intentar no hacerlo nunca sin tener una copia de seguridad de nuestro sistema ya que es posible que algunos de nuestros plugins o nuestro tema no sean compatibles con la última versión.

Para realizar la actualización, bastará con hacer clic en el enlace **Por favor, actualiza ahora** del aviso superior o entrar en **Escritorio>Actualizaciones**.

Nos encontraremos con el siguiente panel en el que debemos hacer clic en el botón **Actualizar ahora** correspondiente a nuestro idioma:

## Actualizaciones de WordPress

Importante: antes de la actualización, por favor, haz copia de seguridad de la base d
WordPress.

Última revisión el 3 Agosto, 2017 a las 6:42 am.    Comprobar de nuevo

**Hay disponible una nueva versión actualizada de WordPress.**

Puedes actualizar WordPress 4.8.1-es_ES automáticamente:

Actualizar ahora    Ocultar esta actualización

Puedes actualizar WordPress 4.8.1-en_US automáticamente:

Al hacerlo, el sistema empezará a actualizar automáticamente. Es posible que nos parezca que no está haciendo nada, pero debemos dejarlo trabajar sin manipular nada. Durante este periodo, nuestra web permanecerá en mantenimiento. Una vez finalizada la actualización, el sistema nos comunicará que se ha realizado con éxito.

## Actualización de plugins, temas y traducciones

Desde **Escritorio>Actualizaciones**, bajo la sección de actualizaciones de WordPress, encontraremos una serie de secciones para actualizar plugins, temas y traducciones.

Cuando exista una actualización para alguno de estos elementos, nos aparecerá un aviso en la sección correspondiente. Deberemos marcar el/los plugin(s), tema(s) o traducción(es) que queramos actualizar y hacer clic en **Actualizar plugins | temas | traducciones**.

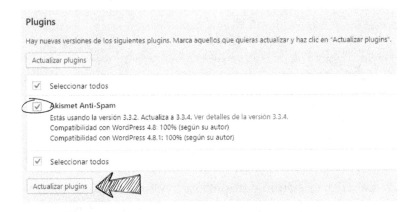

Hecho esto, solo nos queda esperar el aviso de que la actualización se ha realizado con éxito.

Akismet Anti-Spam actualizado con éxito. Mostrar detalles.

# SEO

## El posicionamiento lo es todo

De nada sirve que tengamos una página web increíble con gran cantidad de contenidos, si nadie va a encontrarnos. Posicionar nuestra web en buscadores es crucial.

El SEO es una "ciencia" con miles de técnicas diferentes que van cambiando a lo largo del tiempo, lo que hoy te posiciona rápido, mañana puede penalizarte.

En esta guía vamos a echar un vistazo general a los dos grandes grupos de técnicas SEO existentes, el **SEO OnPage y el SEO OffPage**, pero debido a la amplitud del tema, sólo podremos "rascar su superficie".

+INFO
https://www.seo.guiaburros.es/

## SEO OnPage

El SEO OnPage engloba todas aquellas técnicas de posicionamiento que se realizan dentro de nuestra página web.

En WordPress, el plugin gratuito más recomendado para ayudarnos a posicionar es **Yoast SEO**. Este plugin incluye una serie de herramientas que nos facilitarán enormemente la tarea, además, si lo mantenemos actualizado, siempre estaremos utilizando las técnicas óptimas de posicionamiento, aunque cambien los algoritmos de posicionamiento de los buscadores.

Además de los diferentes elementos de utilidad que encontramos en la configuración de **Yoast SEO**, se nos incorpora dentro de cada página y entrada una nueva sección desde la que podremos indicar la palabra con la que queremos posicionar, y, a partir de ella, configurar su título, descripción, palabras clave, etc.

Es muy importante definir con qué palabras clave vamos a querer posicionar una entrada o página y, a partir de ella, desarrollar el contenido, de forma que estas palabras claves aparezcan en el título, en el contenido (a poder ser, en ciertas ocasiones, utilizando negritas o formatos alternativos como h2), en el texto alternativo de las fotos, en la url, etc.

## SEO OffPage

Son las técnicas de posicionamiento que se realizan fuera de nuestra página web.

Estas técnicas están cobrando relevancia en los últimos tiempos llegando a ser, en muchas ocasiones, incluso más importantes que el SEO OnPage.

El resumen de su importancia es que, cuantos más enlaces de calidad tenga tu web, en otras webs, más relevancia cobra.

Debemos tener muy en cuenta que deben ser enlaces de calidad. Hace unos años, una técnica de posicionamiento muy popular era incluir nuestras webs en directorios donde había miles de webs y ningún otro contenido. Esta estrategia a día de hoy, no solo no beneficia, sino que además penaliza.

Ahora la pregunta es, **¿cómo consigo enlaces de calidad para mi web?**. Existen algunas opciones que dependen de nosotros mismos y que son las primeras que deberíamos tener en cuenta:

- **Redes sociales:** Debemos crear perfiles en las redes sociales más importantes e incluir en ellos un enlace a nuestra web.
- **Google Webmaster Tools**: Es un conjunto de herramientas que Google ofrece a los desarrolladores de páginas web. En ella, no sólo incluiremos nuestra web, sino que además subiremos el mapa de nuestro sitio, algo básico para que Google nos indexe.
- **Comentarios en otras webs:** Podemos añadir nuestro enlace en otros blogs, foros, periódicos online… eso sí, debemos hacerlo con cabeza, escribiendo en

sitios donde el tema de nuestra web tenga relevancia, y siempre realizando alguna aportación además del enlace.

Por otro lado, siempre es interesante contactar con otros blogs que puedan estar interesados en intercambiar enlaces con nosotros, es decir, ellos recomiendan de alguna forma nuestra web, y nosotros recomendamos la suya.

# WooCommerce

## Imprescindible para crear tu tienda Online

**WooCommerce** es el plugin por excelencia para crear tiendas online en WordPress. Este plugin gratuito nos ofrece de forma sencilla todas las funcionalidades que una tienda online puede necesitar.

## Configuración

En primer lugar, debemos descargarnos e instalar WooCommerce, para ello, accedemos desde nuestro WordPress al apartado **Plugins>Añadir nuevo** y buscamos **WooCommerce** en el buscador.

En la primera posición nos aparecerá el plugin. Sólo debemos hacer clic en **Instalar ahora**.

Una vez instalado, debemos hacer clic en **Activar**.

A continuación, nos aparecerá un asistente de configuración que podemos omitir, pero es recomendable realizarlo ya que nos permite, de forma rápida, realizar las configuraciones más importantes.

Al hacer clic en **¡Vamos allá!**, lo primero que hace el asistente es indicarnos que se van a crear algunas páginas necesarias para su funcionamiento. Si no las creásemos ahora, tendríamos que hacerlo más adelante, por tanto, hacemos clic en **Continuar**.

En el paso siguiente, debemos introducir la configuración de localización de nuestra tienda. Por norma general, al seleccionar nuestra provincia en **¿Dónde está tu tienda?**, la mayoría de elementos se configurarán automáticamente.

*Deberemos marcar la opción Sí, las ventas llevarán impuestos siempre que vayamos a cobrar IVA o algún otro impuesto de valor añadido. Al hacerlo nos aparecerá un selector donde debemos elegir si los precios que introduciremos a la hora de añadir productos tendrán ya el impuesto aplicado o no. De esta forma, el sistema calculará automáticamente el precio base o el precio con impuesto.*

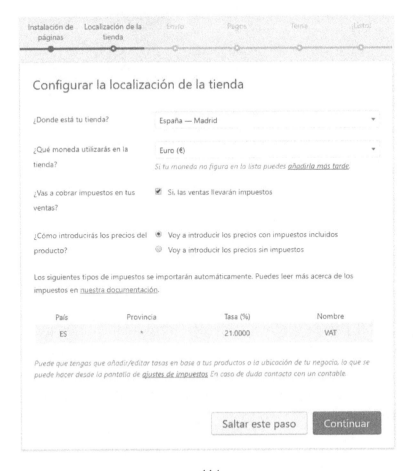

Instalación de páginas   Localización de la tienda   Envío   Pagos   Tema   ¡Listo!

## Configurar la localización de la tienda

¿Donde está tu tienda?
España — Madrid ▼

¿Qué moneda utilizarás en la tienda?
Euro (€) ▼
*Si tu moneda no figura en la lista puedes añadirla más tarde.*

¿Vas a cobrar impuestos en tus ventas?
☑ Sí, las ventas llevarán impuestos

¿Cómo introducirás los precios del producto?
◉ Voy a introducir los precios con impuestos incluidos
◯ Voy a introducir los precios sin impuestos

Los siguientes tipos de impuestos se importarán automáticamente. Puedes leer más acerca de los impuestos en nuestra documentación.

| País | Provincia | Tasa (%) | Nombre |
|------|-----------|----------|--------|
| ES | * | 21.0000 | VAT |

*Puede que tengas que añadir/editar tasas en base a tus productos o la ubicación de tu negocio, lo que se puede hacer desde la pantalla de ajustes de impuestos En caso de duda contacta con un contable.*

Saltar este paso      Continuar

En el siguiente paso deberemos elegir las unidades de peso y dimensiones que utilizaremos. Estas unidades se utilizarán en aquellos casos donde cobremos diferentes precios por el envío de los artículos dependiendo del peso o tamaño de los artículos enviados.

A continuación tenemos que seleccionar los métodos de pago que vayamos a utilizar. **WooCommerce** incluye por defecto *Paypal*, *Stripe*, pagos por cheque, pagos por transferencia bancaria y contra reembolso. Es posible instalar, más adelante, otras pasarelas de pago, por ejemplo, un TPV Virtual de una entidad bancaria para permitir un pago directo por tarjeta.

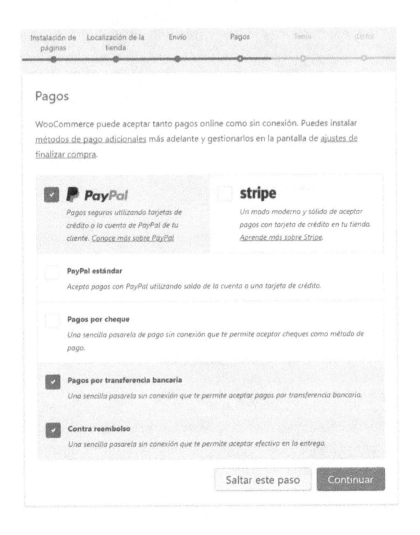

Por último, **WooCommerce** nos ofrece la instalación de un tema gratuito desarrollado por los creadores de **Woo-Commerce**. Si nos interesa, podemos instalarlo, si no, pulsamos **Saltar este paso.**

Ya hemos finalizado nuestra instalación, ahora, debemos pulsar **Volver al escritorio de WordPress**.

Hecho esto, veremos dos nuevos elementos en nuestro menú del panel de control de WordPress: **WooCommerce** y **Productos**.

Para continuar con la configuración, pulsamos en **Woo-Commerce>Ajustes**, donde encontraremos diferentes pestañas de configuración. En esta guía vamos a centrarnos en los elementos más importantes:

## Configuración de impuestos

Se configuran desde la pestaña **Impuesto**, en ella podemos cambiar la forma en la que vamos a introducir los precios de los nuevos productos (con impuestos o sin impuestos).

Es muy importante tener en cuenta las opciones **Mostrar precios en la tienda** y **Mostrar precios en el carrito y en el pago**. Por defecto, estas dos opciones vienen establecidas como **Sin impuestos**, en caso de dejarlas así, todos los productos aparecerán siempre sin impuestos en nuestra tienda. Lo habitual para una tienda estándar es seleccionar **IVA Incluido**.

## Configuración de envío

Es imprescindible configurarlo para empezar a vender. Para ello, en primer lugar, nos dirigimos a **Envío>Zonas de envío** y pulsamos en **Añadir zona de envío**.

En la sección que se nos abre, tendremos que introducir en primer lugar el nombre de la zona y, a continuación, el territorio que abarcará esa zona en el campo **Región(es) de la zona**.

Una zona de envío puede abarcar todo el territorio que queramos, podríamos incluso crear una zona que abarcara todo el mundo.

Por ejemplo, si necesitamos un envío especial para las Islas Canarias, la zona de envío deberíamos configurarla tal y como se ve en la imagen.

> ℹ️ Si lo necesitamos, podemos añadir códigos postales a los que se aplicará esta zona de envío mediante el enlace **Limitar a códigos postales específicos**.

El siguiente paso es configurar el método o métodos de envío que tendrá esta zona. Para ello, pulsamos en **Añadir método de envío**. Al hacerlo, se nos abrirá una ventana donde deberemos elegir el método de envío que necesitemos:

- **Precio fijo**: Al seleccionarlo, podremos elegir el precio que tendría el envío pulsando el botón **Editar**.
- **Envío gratuito**: Tras seleccionarlo, pulsando el botón **Editar**, podremos elegir si queremos que el envío gratuito requiera de un cupón y/o de un pedido mínimo.
- **Recogida local**: Misma configuración que precio fijo.

Recordamos que se pueden aplicar varios métodos de envío para una misma zona, de forma que, por ejemplo, podríamos poner un coste de envío de **6** euros que pasaría a ser gratuito para compras con un coste superior a **60 euros** y con posibilidad de recogida en local por **2** euros.

## Configuración de métodos de pago

Para configurar los métodos de pago que vamos a utilizar en nuestra tienda online, debemos acceder a **WooCommerce>Ajustes>Finalizar compra.**

En la parte superior de esta pestaña, encontraremos cada uno de los métodos de pago que podemos configurar:

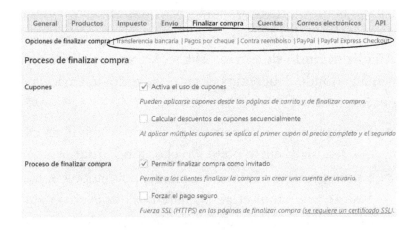

No obstante, para evitar confusiones, podemos ver los métodos de pago que tenemos configurados en la parte inferior de la sección **Opciones de finalizar compra.**

| Pasarela | ID de la pasarela | Activado |
|---|---|---|
| Transferencia bancaria directa | bacs | ✓ |
| Pagos por cheque | cheque | - |
| Contra reembolso | cod | ✓ |
| PayPal | paypal | - |
| PayPal Express Checkout | ppec_paypal | ✓ |

En este cuadro, además de ver los diferentes métodos de pago que tenemos activos, nos permite modificar el orden en el que aparecerán las pasarelas, para ello, tenemos que pulsar sobre las tres rayas que encontramos a la izquierda de cada pasarela y arrastrarla según deseemos.

| Pasarela | ID de la pasarela | Activado |
|---|---|---|
| Transferencia bancaria directa | bacs | ✓ |
| Pagos por cheque | cheque | - |
| Contra reembolso | cod | ✓ |
| PayPal | paypal | - |
| PayPal Express Checkout | ppec_paypal | ✓ |

Para editar la configuración de cada una de las pasarelas de pago, tenemos que hacer clic sobre su nombre. Una vez dentro, cada una de ellas solicitará los datos necesarios para su funcionamiento.

# Gestión de producto

Para crear y editar productos, debemos hacerlo desde el apartado **Productos** que encontraremos en nuestro menú de WordPress.

Antes de crear nuestro primer producto, vamos a analizar tres elementos previos que deberíamos conocer y que encontramos dentro de **Productos**, son **Categorías**, **Etiquetas**, y **Atributos**:

- **Categorías**: En la gran mayoría de tiendas online necesitaremos separar nuestros productos en categorías y subcategorías. Lo ideal, antes de empezar a introducir productos en la tienda, es estudiar cuál será la estructura óptima de categorías e implementarla, así, al introducirlos, podremos hacerlo en su categoría o categorías definitivas.

  Para incluir una categoría, dentro del apartado **Categorías**, deberemos introducir un **Nombre** que será el que se verá en todo momento, tanto desde el *front office* como desde el *back office*, un *slug* (opcional), que será el nombre que aparecerá en la URL acompañando al *slug* del producto (importante para el SEO), una categoría padre (opcional), por si queremos que la categoría que estamos creando sea una subcategoría dependiente de otra, y una descripción (opcional), que puede mostrarse a nuestros clientes cuando entren en la categoría si así está el tema configurado.

- **Etiquetas**: No son tan importantes como las categorías, pero nos ofrecen un método extra de clasificación de productos. Su funcionamiento es igual que el de las etiquetas de las entradas, todos los productos que posean una etiqueta, se mostrarán conjuntamente cuando un usuario haga clic en esa etiqueta.

- **Atributos**: Los atributos sirven para añadir características del producto que el usuario podrá escoger (talla, color, tamaño...)

Es hora de crear nuestro primer producto, para ello, debemos dirigirnos a **Productos>Añadir nuevo**.

El editor que nos encontraremos en primer lugar es igual que el que teníamos para las entradas y las páginas.

En este caso, lo primero que debemos hacer es introducir el nombre del producto, y, a continuación, de forma opcional, la **descripción larga** del producto que se mostrará junto a su foto.

Debajo del cuadro de descripción encontraremos el cuadro **Datos del producto** en el que podremos configurar una gran cantidad de elementos del producto a través de sus diferentes pestañas.

Marcando las opciones **Virtual** y/o **Descargable**, este cuadro cambia para adaptarse a estos tipos de producto.

Al finalizar el panel principal de gestión del producto, nos encontramos con el cuadro **Descripción corta del producto**. Que, dependiendo de la plantilla seleccionada, puede aparecer en uno u otro lugar, siempre en la ventana de visualización del producto.

Por último, en el lateral derecho de nuestra ventana de administración del producto, encontraremos prácticamente los mismos elementos que encontrábamos al crear una entrada. Gracias a ellos, podremos seleccionar cuándo queremos que se publique el producto, en qué categoría aparecerá, las etiquetas que tendrá...

Además de ello, encontraremos un cuadro llamado **Imagen del producto**. En él, deberemos seleccionar la imagen que aparecerá como imagen principal del producto, es decir, la que representará a nuestro producto cuando nuestro cliente esté mirando nuestro catálogo.

También nos encontraremos con un cuadro llamado **Galería del producto**, en él, podremos añadir todas las imágenes que queramos y que aparecerán en la página de visualización del producto. Es recomendable que no añadamos demasiadas imágenes similares ya que resultarán inútiles. Lo ideal es que nuestros productos tengan unas cuatro o cinco imágenes que lo muestren desde diferentes ángulos.

## Gestión de pedidos

Desde **WooCommerce>Pedidos**, podremos visualizar una lista con todos los pedidos realizados en nuestra tienda.

Pulsando el botón podremos marcar el pedido como completado. Esto, no solo nos servirá a nosotros para llevar un buen seguimiento de los pedidos, si no que permitirá al comprador saber en qué estado se encuentra.

Pulsando el botón accederemos a la vista detallada del pedido, donde podremos modificar todos sus datos y modificar su estado para que tanto el cliente como nosotros, sepamos en qué estado se encuentra.

# Consejos imprescindibles para un buen uso de WordPress

Para finalizar esta guía, procedemos a enumerar algunos consejos que no deberías pasar por alto en tu WordPress:

- Elige bien tu tema antes de empezar, cambiarlo en el futuro será mucho más complicado. Recuerda que es muy importante que sea responsive, es decir, que se adapte correctamente a cualquier dispositivo (ordenador, tablet, smartphone...)

- Mantén tu sistema siempre actualizado (tanto el core como los plugins), pero no olvides realizar una copia de seguridad antes de cada actualización ya que se podrían generar incompatibilidades o errores que nos supongan grandes quebraderos de cabeza.

- Mantén un entorno limpio y amigable para el usuario, evita saturar tu web con elementos inútiles (como contadores de visitas o imágenes irrelevantes).

- No olvides optimizar tus imágenes antes de publicarlas para que pesen alrededor de **100kb.**

- Si vas a publicar vídeos, la opción más interesante es utilizar proveedores externos como youtube e incrustar su reproductor en tu web, de esta forma ahorraremos espacio en el servidor.

- Si la web que has creado, es la web de tu negocio, no olvides incluir un formulario de contacto de fácil acceso. Cuanto más facilites la vida a tus clientes, menos probable es que los pierdas.
- Si has creado un blog, elige bien el momento en el que se publicarán tus artículos, tradicionalmente los martes y miércoles por la tarde son los momentos en los que más éxito tienen.
- Facilita a tus usuarios la posibilidad de compartir tus artículos, incluye en ellos botones para compartirlos en las redes sociales más importantes.
- Interactúa con los usuarios que comenten en tus artículos.
- Ten cuidado con las imágenes que utilizas, la mayoría de las que encontrarás por internet tienen derechos de autor.
- Si algo funciona como debe, no lo toques.

# Enlaces de interés WordPress

## Webs oficiales

**WordPress en español para instalar en servidor:**
https://es.wordpress.org
**WordPress en español funcionando en sus servidores:**
https://es.wordpress.com

## Webs para descargar temas gratuitos

» https://es.wordpress.org/themes
» https://www.templatemonster.com
» http://topwpthemes.com
» https://cpothemes.com/es/themes-category/gratis
» http://www.freethemelayouts.com
» http://wptemplates.org
» http://www.fwpthemes.com
» http://www.themesparawordpress.com
» http://www.fabthemes.com
» http://www.themes4all.com/free-wordpress
» http://www.wpexplorer.com/top-free-themes
» http://www.wpexplorer.com/top-free-themes
» https://colorlib.com/wp/themes

- » http://freeportfoliothemes.com
- » https://themeisle.com/wordpress-themes/free
- » http://www.hardeepasrani.com
- » https://modernthemes.net/wordpress-themes
- » https://www.machothemes.com/themes/free

## Webs para descargar temas Premium

- » https://www.templatemonster.com
- » https://themeforest.net
- » https://themeisle.com/wordpress-themes
- » https://www.wpzoom.com

## Plugins

- » **Yoast SEO**

https://wordpress.org/plugins/wordpress-seo
- » **Akismet**

http://www.akismet.com/
- » **W3 Total Caché**

https://wordpress.org/plugins/w3-total-cache
- » **Jetpack**

http://wordpress.org/plugins/jetpack
- » **Visual Composer**

https://visualcomposer.io

» **WooCommerce**

https://es.wordpress.org/pluginswoocommerce

» **WPML**

https://wpml.org/es

## Ayuda, actualidad y foros

» https://ayudawp.com
» https://es.wordpress.org/support
» https://noticiaswp.com
» https://wpdirecto.com

# Patrocinio

 Este libro está patrocinado por **Weberalia Marketing Online**, empresa especializada en desarrollo web y marketing online.

En Weberalia queremos diseñar la página web o tienda online que mejor se adapte a tu negocio, por eso, diseñamos una maqueta de tu web, de forma gratuita y sin ningún compromiso para que puedas ver nuestros resultados antes de contratar.

Todos nuestros packs incluyen todo lo necesario para el funcionamiento de tu página web o tienda online (hosting, dominio, soporte...) para que no tengas ningún gasto extra ni tengas que preocuparte de nada, siempre en servidores con discos SSD y Magic caché para obtener la más alta velocidad y con copias de seguridad diarias.

Web: **www.weberalia.com**
E-mail: **info@weberalia.com**
Tfno.: **902 095 098**

# Autores para la formación

**Editatum** y **GuíaBurros** te acercan a tus autores favoritos para ofrecerte el servicio de formación GuíaBurros.

Charlas, conferencias y cursos muy prácticos para eventos y formaciones de tu organización.

Autores de referencia, con buena capacidad de comunicación, sentido del humor y destreza para sorprender al auditorio con prácticos análisis, consejos y enfoques que saben imprimir en cada una de sus ponencias.

**Conferencias, charlas y cursos que representan un entretenido proceso de aprendizaje vinculado a las más variadas temáticas** y disciplinas, destinadas a satisfacer cualquier inquietud por aprender.

Consulta nuestra amplia propuesta en **www.editatumconferencias.com** y organiza eventos de interés para tus asistentes con los mejores profesionales de cada materia.

# EDITATUM

*Libros para crecer*

*www.editatum.com*

# Nuestras colecciones

Guías para todos aquellos que deseen ampliar sus conocimientos sobre asuntos específicos, grandes personajes, épocas, culturas, religiones, etc., ofreciendo al lector una amplia y rica visión de cada una de las temáticas, accesibles a todos los lectores.

Guías para gestionar con éxito un negocio, vender un producto, servicio o causa o emprender. Pautas para dirigir un equipo de trabajo, crear una campaña de marketing o ejercer un estilo adecuado de liderazgo, etc.

Guías para optimizar la tecnología, aprender a escribir un blog de calidad, sacarle el máximo partido a tu móvil. Orientaciones para un buen posicionamiento SEO, para cautivar desde Facebook, Twitter, Instagram, etc.

Guías para crecer. Cómo crear un blog de calidad, conseguir un ascenso o desarrollar tus habilidades de comunicación. Herramientas para mantenerte motivado, enseñarte a decir NO o descubrirte las claves del éxito, etc.

Guías prácticas dirigidas a la salud y el bienestar. Cómo gestionar mejor tu tiempo, aprenderás a desconectar o adelgazar comiendo en la oficina. Estrategias para mantenerte joven, ofrecer tu mejor imagen y preservar tu salud física y mental, etc.

Guías prácticas para la vida doméstica. Consejos para evitar el cyberbulling, crear un huerto urbano o gestionar tus emociones. Orientaciones para decorar reciclando, cocinar para eventos o mantener entretenido a tu hijo, etc.

Guías prácticas dirigidas a todas aquellas actividades que no son trabajo ni tareas domésticas esenciales. Juegos, viajes, en definitiva, hobbies que nos hacen disfrutar de nuestro tiempo libre.

Guías para aprender o perfeccionar nuestra técnica en deportes o actividades físicas escritas por los mejores profesionales de la forma más instructiva y sencilla posible,

**Crear una
tienda online
en WordPress**

**GuíaBurros Crear una tienda online en WordPress**
es una guía con todo lo que debes saber para
crear una buena tienda online en WordPress y
WooCommerce

+INFO

https://www.creartiendawordpress.guiaburros.es

# Ciberseguridad

**GuíaBurros Ciberseguridad** es una guía básica con todo lo que debes saber para tener vidas digitales más seguras.

+INFO

https://www.ciberseguridad.guiaburros.es

**Reglamento General de Protección de Datos**

**Empresa y Negocio**

# Reglamento General de Protección de Datos (RGPD)

Todo lo que debes saber sobre la LOPD y la adaptación al nuevo reglamento RGPD

**Lola Granados, Carolina Sánchez**

3ª edición

*GuíaBurros Reglamento General de Protección de Datos* es una guía básica con todo lo que debes saber sobre la LOPD y la adaptación al nuevo reglamento RGPD.

+INFO

https://www.rgpd.guiaburros.es

www.ingramcontent.com/pod-product-compliance
Lightning Source LLC
LaVergne TN
LVHW042336060326
832902LV00006B/207